# LES MANUSCRITS DE L'ÉVEIL

Lamine Pearlheart

# PRÉFACE

Le livre que vous tenez dans vos mains est la deuxième partie du premier livre intitulé « Air du lendemain ».

Beaucoup de choses se sont passées, dans ma vie personnelle et dans le monde depuis que j'ai écrit la première partie. Je ne vais pas énumérer les malheurs dont le monde a été témoin depuis, mais il suffit de dire que personnellement je me suis trouvé avec une nouvelle perspective.

Cette nouvelle perspective peut être perçue dans le contenu de ce livre, que j'ai titré « Les manuscrits de l'éveil », car dans les profondeurs de mon être un nouvel éveil s'est avéré, et dans l'espoir que cela se manifeste dans le monde je devance avec ce livre.

J'ai appris depuis que les mots, même si sincèrement espérés, ne produisent aucune consolation à l'humanité sauf si elle est mûre pour les entendre.

En outre qu'il y ait des choses dans le monde, sous le poids du destin et de notre progression naturelle, qui doivent être portées par chacun de nous individuellement; la douleur et l'impuissance sont quelques-unes d'entre elles.

J'ai eu la chance de découvrir le fait qu'il y a aussi l'espoir dans la gratitude pour une vie vécue si cette gratitude est opportunément trouvée et perçue par les créatures en désespoir.

# Table des matières

À la bienveillance,

# La raison pour laquelle les hommes ne demandent jamais le chemin

Il regarda la lune parfaitement ronde et élancée vers le ciel primitif.

Il contourna le soleil avec un clin d'œil, se rappela les étoiles de la nuit précédente et l'essor de leurs éclats dans l'obscurité; « comme des orbes de feu! » avait-il dit à sa femme avant de rentrer dans la grotte.

Maintenant perché sur une montagne, tenant une pomme de forme parfaitement sphérique, il regarda vers l'horizon vouté et dit, « Oui, la terre est en effet bien plate. »

## Sur la tolérance des infâmes autour de soi

Au péril de te faire entourer par des moustiques, tu risques d'être mordu.

## Sur l'investissement

Un investissement n'est un investissement qu'avec sa rentabilité.

## Sur le bénévolat avec arrière-pensée

L'aide-fossoyeur peut porter la dépouille du roi défunt, mais ça ne sera jamais à lui qu'on décernera la couronne.

## La source de la vie

Il y a une beauté qui ne ressemble en rien à ce que décrivent les religions du monde; elle n'a point de nom, car elle ne devrait pas être nommée, les mots sont une forme imparfaite pour la décrire; elle est la vie et est la source de la vie.

Elle ne semble pas avoir d'amis ou ennemis;

son horloge bat pour tout le monde. Elle façonne la vie, la saisit et la recompose de nouveau.

Elle sourit à tous de la même manière avant qu'elle ne s'efface et réapparaisse.

Toute ma vie, je l'ai sue au fond de ma conscience et je ne l'ai pas reconnue, car elle est décrite injustement par l'humanité; j'utilisais les miroirs des autres pour la chercher.

Cette entité est, je crois, ce que certains, à tort, appellent Dieu.

## Sur la pensée et la peur

La pensée facturée au prix de la peur ou des flatteries est aussi inconsolable que celle payée au prix de l'or.

# L'ordre des choses

Femme, tu es ce qu'a était créé de beau en ce monde, si seulement l'homme était doué d'un cœur pour voir

Enfant, tu es ce qu'est sublime en l'humanité, si seulement elle pouvait rester en l'état d'ange

Anges, vous êtes ce dont nous voulons que dieu nous auraient créé, si seulement nous écoutions nos âmes au lieu de nous perdre dans nos cœurs

Dauphins, vous êtes les enfants que nous avons perdus et vos jeux, en surface et en profondeur, nous rappellent notre innocence perdue en devenant humain

Aigle, tu voleras vers des cieux et perspectives pour nous inconsolable; ton saut inspiré est là où nos pensées vont quand elles seront imperturbables

Dieu, on ta rêvé comme réponse à nos émois
et l'on ta cherché plusieurs fois pour te trouver
quand on se perdra dans nos délires certains

Dame Terre, tu nous portes toujours malgré
nos perfides âmes sans demain; je te console

Âge, tu nous portes conseil pourtant on ne
s'apprend pas

Soleil, fécond de toi j'accuse un réveil
Infini cosmos, vers toi se lèvent mes regards
et se couche la courbe de mon orgueil

Être en moi qui dit tout cela; je te vois.

## Sur l'esclavage moderne

L'esclavage moderne, ton cœur, ça fait bien
longtemps qu'il la comprit, l'ami! C'est ton
cerveau qui continue à le renier; le lieu de ton
travail est ta maison et ta maison n'est que le
centre d'enregistrement et d'entraînement de la
nouvelle et future génération de travailleurs;
tes enfants.

# Un conseil

Si l'horizon te courbe

Si le soleil te tourne

Si le hasard te fait des gages

Si la vie te suffit comme telle

Si la mort ne se souvient pas encore de toi même en éveil

C'est que tu es peut-être...

Si l'aurore te suffit et le coucher du soleil te parle

Si dans l'ombre tu ne vois rien, regarde-toi toi-même

Si sous la poussière tout te semble pareil, rappelle-toi que toi aussi tu as eu un éveil

Si le froid te brûle les os et le feu te mouille

le cœur, sème-toi et rappelle-toi que l'oubli est un fond sans rappel

## Sur le besoin d'étendre son horizon

Il vaut mieux mourir avec plusieurs personnes avisées que de mourir tout seul ignorant du monde.

## Sur le choix entre la terreur et la tyrannie

Oui, on remplace le monstre par le tyran.

## Sur les idées reçues

« Tous les Romains et les Carthaginois sont des salauds! », disait un jeune homme une fois.

« Quel âge as-tu mon enfant? », lui demanda un vieil homme.

« J'ai vingt-cinq ans », répondit le jeune homme.

« Combien de Romains penses-tu qu'il existe dans le monde? »

« Vingt milles, vingt millions que sais-je moi de leurs nombres! Peut-être plus de quatre-vingts millions, personne ne sait le nombre exact! »

« Supposons qu'il y en a quarante millions, combien de Romains en as-tu connus toi? »

« Je dirais une centaine? »

« Revenant aux nombres, je dirai moi qu'il y a deux millions de Romains, pour être généreux et ne pas te mettre en désarroi. »

« Et alors? »

« Alors ça t'a pris plus de vingt-cinq ans, à supposer que tu aies eu tes pleines facultés de jugement depuis ta naissance, pour connaître une centaine de Romains. »

« Et puis après »

« À ce train-là, ça va te prendre cent ans pour connaître quatre cents Romains de plus. À supposer qu'il existe vraisemblablement deux millions de Romains, il me semble aussi qu'à ce train-là il te faut plusieurs vies pour les connaître tous et pourtant tu en as déjà une opinion et tu dis qu'ils sont tous des salauds »

# Sur la grandeur

L'abime se croit profond

Le soleil lui riz au nez

La mer agitée ou calme le confond

Le hasard se croit malin et se fou du tictac de la montre

Le ciel le perçoit, « futilité de l'homme; un bond éphémère » se disent les anges là-haut

La tempête gronde l'océan et avec ferveur cri au ciel, « Terre ferme! »

Une roche de pierres comme de rien l'attend; morsures d'une patience indomptable aux confins du temps

L'homme se dit maître de ses semblables et mesure de ce qui est en bas

La mort lui sourit et lui répond, « une

journée de décembre avant le dégel de l'été prochain; tu ne fais que tourmenter les arbres qui te connaissent! »

Je regarde et ne sais pas trop, éteint je le serais certain en moins de temps, la voix de mon destin, celles de mes ancêtres et mes aïeux me fait écho

« Planète de sang bleu tu ne fais que tourner en rond, tu te courbes au soleil et envieuse tu es des étoiles; tu n'es que farce un jeu de lumière et tu le sais! »

Je cours vers l'horizon comme en attente d'une inspiration prochaine

Perdure, l'horreur en son état de grâce

Reviennent les colporteurs d'informations néfastes, un journal, un linge sale

Une lumière s'étale

Une étoile

Une sérénité matinale

## Sur la flexibilité avec les truands et les mauvais employés

La largesse avec les rats n'amène que de grands trous!

## Sur le mal

Le mal existe, je l'ai vu, et il est un acte, heureusement il n'est pas divin.

## Sur la certitude de la mort

« Vous me semblez très surpris que quelqu'un ou quelque chose veuille vous éliminer, Monsieur Jones? Dans un monde où les homards sont cuits, vivant, vous, M. Jones, en regardant la mort en face, vous sembler être surpris! »

## Sur le fait de se tirer une balle dans le pied

Tes cauchemars n'ont besoin que de toi pour s'étaler.

## Sur la noblesse et l'ascendance

Le fait d'être le parent du cheval ne fait pas forcément de la mule un pur-sang. — À ceux qui croient que la noblesse est une question de lignée

## Pourquoi, le concept de la famille n'est pas un sens unique

« J'essaye de gagner une sœur et tu essayes de perdre un frère! » disait un frère affectueux à sa sœur obstinée.

## Quand les anges cessent d'exister

Il jeta un coup d'œil sur le bébé et dit, « un ange très mignon, il cessera de l'être le moment où il commencera à penser qu'il l'est. »

## Sur l'évolution

La dégradation et aussi un trait de l'évolution.

## Sur la vie après la mort

« As-tu peur de la mort? »

« Je le suis de la fin de la vie! »

« L'au-delà ne me fait pas peur, car c'est de là que viennent les bébés! » — *Extrait d'une conversation entre deux anges*

## Sur la révélation divine

Une chose dont je suis sûr, en ce qui concerne Dieu, est qu'on ne sait rien du tout; le reste n'est que distractions.

## Sur la pensée

La pensée peut être une forme de récréation quand elle est faite avec du bon goût.

## Sur le sentiment d'être abandonné

Tu n'es abandonné qu'au moment que tu sens l'être.

## Sur la liberté

Libère ton esprit avant de libérer ton âme!

# Quand le sens devient insensé

Après avoir flingué tout le monde et faisant constat qu'il ne restait plus personne à flinguer, le maniaque raisonnable s'est tiré une balle au genou.

« Après tout c'est dans l'ordre », s'est-il dit.

# L'abrutie et le psychopathe

L'abrutie et le psychopathe ont une chose en commun; leur mépris du passé et la crainte du karma.

Le premier en raison de l'absence d'une bonne mémoire et le second, de peur d'être jugé pour les crimes commis.

# En ce qui concerne l'enfer sur la terre

L'enfer que le psychopathe produit autour de lui n'est que le reflet de l'enfer qui réside en lui.

## La durée de vie du mal

Le mal vit une seule fois, mais le bien vit toujours

## D'ici peu

L'horizon se lève à peine

Le soleil se meurt

La terre fait ses adieux aux ombres déjà brûlées à force de s'aplatir à vouloir devenir humain

Les océans se parlent à voix de goélands,
reflétant leurs humeurs en de folles couleurs
dans un ciel bleu caméléon

Le mourant regarde le temps et se souvient
d'oublier la vie d'autrefois, il se penche vers un
horizon funèbre changeant, calcule ses chances
en multipliant ses désarrois

Sous l'œil de l'éternité, il n'est que l'enfant
de demain qui s'en va déjà

La vie se le rappelle, mais ne sais comment
ni de pourquoi

Il est fait de peau qu'on dirait de paille, si
faible que la mort s'en veut de le bousculer
dans la broussaille de devant

Il attend, mais il sait qu'il est partout et n'est
nulle part; son visage un rivage, l'histoire de
l'hiver en dérapage

Un retard, il rattrape un délai, une promesse
en face de la certitude indomptable, la lune et
le soleil; lumière perdue dans le gouffre
humain

# L'odeur du mal

« Ainsi fut ordonnée pour le mal d'avoir une odeur particulièrement répulsive à tout le monde sauf à son colporteur ».

# Une image

J'ai vu une fois un loup fourbe, un peu frêle, un peu chien qui de loin épié une proie

Le ventre creux, les os fins aux parfums de disette et de jour de tempêtes

Il était sournois comme un traître et plus dangereux qu'un mauvais maître

Il regardait sa jument; une louve comme lui-même de moins de vingt ans

Les yeux pleins comme un printemps

Le cœur calme comme un océan un jour

d'étangs

Je l'ai observé se jetant dans une rivière en écume, chassant les profondeurs, boudant l'univers, sauvant son Ève des tourments, risquant son malheur pour un autre que soi

Je crois l'avoir vue pleurer d'un bonheur de revenant, pourtant, se perdant sous le poids de l'eau bouillante de la source menaçante en sachant son amant sauvé de surcroît

J'ai vu un mendiant qui n'avait rien, pourtant un chien le suivait

L'étoile du nord le guettait alors qu'il était tout seul dans son état d'âme

L'hiver le harcèle cherchant un compagnon pour l'été prochain comme la braise cherchant le feu

Rien ne veut et rien ne peut vivre, il me semble, sans partenaire même un adversaire
« Qui que ce soit! », proclame la nature féconde en regardant le néant

## La cohabitation avec le mal

Il ne faisait que couver le mal et ne l'a pas éradiqué, l'homme parti, le mal est sorti de tous les bords de sa tanière.

## La beauté et le mal

Le mal aime se parer d'une belle tête et d'une bonne mine; ces dernières, n'étant pas conscientes du fait, démontrent une brillante innocence bien utile au subterfuge du mal pour mettre à fin ses projets sinistres.

Peu de personnes pensent qu'il se cache derrière de telles beautés des êtres infâmes.

## L'homme et la confiance

Fais confiance en l'homme, mais point à son jugement.

## Sur le népotisme

Vous embauchez des amis par convenance et votre gestion c'est de l'amitié et pas du leadership.

## Sur l'inattendu

Peu de problèmes sont surprenants si l'on fait bien attention à ce qui trame, car on ne peut voir l'océan sans voir les vagues.

## Une vision

L'ange perche ses ailes sur le front de la colonne

De là-haut, regarde le monde d'ici-bas

Les oiseaux en jalousie gagnent les hauteurs de la montagne

Les hommes et les femmes, moins les enfants, le contemple comme une île émergée

Les anges se connaissent dans les ténèbres de lumières et les vacarmes du silence retrouvé

Calme, un enfant aborde l'ange et le prie de bien excuser l'humanité, « ce monde est bien plus modeste que nous l'avions pensé. » dit-il en montrant une illusion

Le jour cache ses ondes de lumières

Les aigles pointent leurs becs pour indiquer le chemin

Tressaille     l'humanité     dans     sa méconnaissance, l'hiver se dessine dans l'horizon

Prières de demain dans un sens universel

Émergence, une île dans le fin fond de la mer embaumé de soleil

Cours les hirondelles vers le soleil,
Anticipé est le bateau qui amène une

promesse d'un autre monde

Avec un souffle le bateau s'éloigne

Cherchent les yeux un être longuement attendu; le Créateur dans sa gloire émergeant vers un monde assoiffé d'eau et de sécheresse, pourtant toujours près et pour cela présent

Habiles sont les chacals, de loin attendent le résultat de l'événement, les options à échanger avec les plus dupes, pensent-ils cette fois encore émerger?

Voit le poète, le tout dans l'ensemble, la planète sans ailes s'envoler, sourire d'appréciation au fond du cœur, riche en sachant, pauvre en croyant, peut-il encore trouver une muse plus subtile?

Marchent les colonnes d'enfants vers les portes du soleil
Seule l'innocence voit le chemin

S'ouvre lésés les portails des lieux de culte, crache la prétention ses dernières aubaines

« Oser enfermer le créateur en un lieu! »

S'exclament les anges avec échos de là-haut

Chantent les coquilles les dernières rimes de la mer

Enfin se dévoile la bienveillance en effervescence pour ceux qui la connaissent

L'ange se dévoile, une idée sans voile se dessine dans tous les cœurs des animaux, sauf l'homme, « point de battements pour les chacals en déguisement » observe un enfant

« Bats ton cœur si tu en as et rejoins le soleil! », dit une voix

Dépourvue, l'humanité, sans l'enfance, se dévoile sans cœur et pour autant pas de battements

Crient les corbeaux, finalement compris le bruit de leurs rauques réclames, pointant les bipèdes maintenant marchant, pas de lignées sauf des êtres en proie à leurs propres étourdissements

Pleur les larmes à la fin du trajet

Le dernier couché de soleil se dévale

Les ténèbres englobent la terre sauf là où brille le cœur d'un enfant

Un décret, une proposition, une promesse?

Étrange est la scène pour l'être éphémère, pourtant...

## Les honnêtes gens en face de la malhonnêteté

J'ai observé que les gens malhonnêtes ont du mal à croire les honnêtes gens. Est-il possible qu'ils ne croient pas en leur existence?

## Les sous-entendus dernières paroles de Jésus

Pendant les dernières secondes de sa vie, suspendu à une croix sur le Golgotha, Jésus frissonnât avec une terrible douleur qui fit écho à travers le temps et l'espace, il vit la terre ronde alors que ses yeux se propulsèrent dans l'Univers, apercevant la terre telle quelle est en réalité, il dit à l'humanité :

« Les fous! Pour me punir, ils m'ont mis sur le bon sens, leurs têtes en bas, ils ne voient pas qu'ils sont à l'envers alors que la terre est projetée avec une vélocité éblouissante dans l'espace; je suis le seul à être de bon sens sur cette pierre à sens inverse! »

Si seulement sa voix meurtrie était aussi forte que son cœur, ils auraient pu l'entendre, mais hélas! Comme toujours dans l'horreur humaine, ce n'était pas le cas.

« Il est! Il est! Là mon sabbat, » sa voix coupée par le sang qu'il lui montait au cou lésé et presque desséché produit un son inintelligible sonnant comme un « K » aigu, mais dans la douleur il continua quand même, « tanné! »

Cette fois il fut entendu et incité par leur réaction il cria, bien qu'il fût à peine entendu, une ultime fois avant d'expirer :

« Soit, continue d'être un caillou de mensonges! »

Et c'est comme ça, deux mille ans après, elle est encore maudite; ils sont condamnés à se souvenir de la date, mais non à voir la chose ou être conscient de ce qu'elle est.

## Sur les bien-fondés de l'enfer et du paradis

Une éternité au paradis ou en enfer me semble être des sentences disproportionnées par rapport à des actions accomplies au cours d'une courte vie.

On pourrait penser qu'une heureuse ou une misérable seconde courte vie sur terre, en proportion des bonnes ou mauvaises actions commises, serait en bonne et due forme.

Ce qui conduit à conclure que ces condamnations éternelles sont souhaitées par des créatures extrêmement vengeresses ou désespérées; ce qui est presque toujours le comble de l'humanité.

# Sur le respect des croyances des autres

Un livre est sacré aussi longtemps que les gens le tiennent pour tel.

## Ce que tu ne vois pas

Perçante et sage est la lumière

Apprends à converser avec les rivières et à parler aux mers, soit respectueux envers les océans et salue les montagnes

L'humilité une raide inclinaison que tu dois monter

Reste loin de Xibalba et de ses vains seigneurs

La peur est une déesse oublieuse ,même pour les ingrats

Les guerres sont les récoltes de gens sans âmes; des voleurs de vies et adorateurs de Moloch, l'assoiffé de biens, en déguisement

Nue est la vérité, aucun subterfuge n'est nécessaire pour la faire briller, elle parle à tout le monde et à personne

Cherche les flèches de la compassion
Trouve ton chemin à travers le labyrinthe

Aime les ombres rampantes de la nuit
Sois le créateur du bien dans l'obscurité

Bientôt, tu vas disparaitre; demande-toi ce que de toi tu souhaites laisser!

Apprends à quitter la vie avant quelle de toi elle se débarrasse; ne sois pas une sangsue qui s'attache aux choses, mais l'auteur des plus utiles

Cache ton dégout, et s'il le faut, disparait dans la lumière et dans la bonté de tout ce qui est juste

Expire dans l'oubli de l'étincelle, la connaissance de la flamme, la chaleur du feu dans la nuit pâle redoutée, le réconfort du chemin transitoire vers l'avènement de l'avalanche du glorieux jour

Rappelle-toi que le recyclage a été d'abord inventé par la nature et que tu n'es qu'une ligne passagère et remaniée

Ne cherche pas l'éternité, car les prérogatives de la vie ne sont pas les tiennes à décider

Réponds de tes actes et sois de la patience des bonnes semences

Lève-toi comme le soleil et essaye de disparaitre dans de pareilles lumières exquises
Arme-toi du courage de l'enfant joyeux en face des sévères chances défavorables de la vie

Vois la lutte, mais vis au-delà de ses abrutissantes, ridicules, et caverneuses moutures

Trouve une issue!

Lève-toi et relève-toi de nouveau!

# Sur les touristes et le renouveau

Chaque ville a besoin de touristes, car ils sont toujours très enthousiastes d'y être et apportent des ondes d'énergie régénératrices à cause de leurs enthousiasmes contagieux; si vous vous sentez mal en point, allez là où ils sont pour trouver une certaine régénération dans cette vie.

# Sur la vérité et la réconciliation avec soi-même

J'ai ce miroir qui me fait paraître mince et en forme et à chaque fois que je le regarde il joue à ma vanité, je passe le voir quand je me sens gonflé et pas particulièrement en bonne santé et il me dit que j'ai un corps d'un dieu grec.

Ce qu'il ne sait pas est que j'ai un autre miroir que me dit le contraire.

Pareillement, j'ai un troisième et quatrième

miroir en qui je fais plus de confiance, ils ne me montrent aucun reflet de moi-même, ils sont les sources de mes visions et me font descendre des nuages vers un regard plus sobre; ce sont mes propres yeux.

## Quand la prière est un blasphème

« Tu es l'une de ces personnes qui croient qu'ils ont le droit de dire au Créateur ce qu'il doit faire par le biais de prières! »

## La boussole de l'honnête

Si tu es perdue et tu ne sais plus quel chemin prendre, rappelle-toi que la meilleure direction à choisir est celle qui est droite.

# L'utopie de Satan

« Quel est le rêve de Satan? »

« Veux-tu dire la morale derrière l'histoire de ce caractère? »

« Eh bien, il est fichu sachant que tous ses efforts sont en vain; il ne sera jamais en mesure de vaincre le Tout-Puissant, alors je me demande quelle est sa stratégie. »

« Je pense qu'il n'en a pas; il se croit probablement juste, et comme tout être en délire, il croit que d'une manière ou d'une autre il va réussir. »

## Sur l'acceptation d'autres modes de vie

« Nos sens à être offensés! » Sont le verdict fatal et le prix à payer pour avoir choisi d'être d'une nature évolutive.

## L'histoire de l'esclavage continue

« Tu es toute la journée attachée à un bureau comme à un poteau d'autrefois! Pourtant tu n'as commis aucune offense envers tes maîtres. »

## Une juste conversation

« Je ne crois pas en Dieu, je suis un scientifique! » disait une illustre personne.

« Pourtant vous croyez que l'argent est liquide et qu'elle s'évapore! » lui dit un esprit moins complexe.

## Ce que nous sommes

« Tu n'es qu'un fantôme, enveloppé dans de la chair et des os, trouvant son chemin vers l'état de l'avant-naissance. »

## Sur la perception

J'étais bien enthousiasmé, afin de plonger dans l'eau de la mer, que je ne me rappelle plus comment je me suis déplacé de la tente, sur la plage, au rivage de la mer.

La première chose que j'ai vue à mon désarroi fut les dangereuses vagues incohérentes, froides et imprévisibles.

J'ai maudit la chance et me suis retourné à la plage, déçu, concluant que la nage ne valait pas le risque. Soudainement, je me suis retourné et j'ai vu l'océan magnifique qui me regardait.

De là, j'en conclus qu'il ne fallait pas confondre les problèmes que nous avons avec une personne et sa personnalité globale.

# Le désir de vivre éternellement

L'espérance de vivre éternellement n'est pour moi que le vœu sournois de l'humanité d'être au même niveau que le Créateur.

Cela me répugne, car je crois que nous sollicitons un droit divin qui n'est pas le nôtre.

# Le poids du mal

Avant que le mal, toute action inutile et injustifiée, ne blesse et accable toute autre personne, il faut qu'il porte le préjudice et l'injure en soi-même.

# Sur les tyrans

Après avoir conquis de nombreuses terres et détruit de nombreuses vies, le tyran fut rapidement déçu, car il reconnut qu'il y avait une chose qu'il ne pouvait pas commander et c'était lui-même, car il était consumé par sa cruauté et esclave de ses envies.

Après tout, la tyrannie doit vivre avec son infâme personnalité; si seulement elle pouvait voir la source de sa décevante folie dès le début!

## Sur la nécessité du contrôle de soi

Chacun a un gouvernement en soi et il doit être surveillé, car il est aussi peu fiable que ceux qui régissent la terre; ses plans sont cachés parce qu'il est intime et sa constitution n'a qu'une seule clause; l'auto défense.

Il est clair qu'il est l'un des régimes les plus cachés, vu que son existence est rarement remise en cause ou retracée. Il est autoproclamé et régis par les idées fausses et la peur. Sa population, les grandes valeurs insérées par l'éducation des parents et les interactions sociales, est laissée dans l'obscurité quant à son mécanisme de fonctionnement.

Ce régime doit être constamment surveillé et corrigé de peur de corrompre l'existence de son porteur.

## Le bon côté des choses

« Regarde le bon côté! » Il a été dit à plusieurs reprises et je dois ajouter que « c'est la seule chose qui ait jamais existé! »

## Quand la mort viendra

« Quand la mort viendra, je ne serais pas là, car je serais mort »

## Sur les parcs zoologiques

Une prison à perpétuité pour des animaux qui n'ont commis aucun crime.

# De simples règles

Comment ne pas mourir de poison?
Arrêtez de le boire.

Comment arrêter la terreur?
Arrêtez de la financer.

Comment arrêter de mourir?
Arrêtez de vivre.

Comment devenir riche?
Prétendre être pauvre.

Comment les empêcher de faire la guerre?
Montrez-leur combien ils paient pour cela.

Comment apprendre?
En admettant à vous-même que vous ne savez rien.

Comment devenir humain?
En sachant que vous ne l'êtes pas.

Comment vivre éternellement?

En vous demandant si vous avez mérité d'exister.

Comment ne pas être seul?
Êtes-vous fatigué de l'amitié de votre personne?

Comment apercevoir les anges?
En sachant qu'eux aussi ne peuvent pas nous voir

Comment vivre pleinement sa vie?
En sachant qu'il n'y a rien de tel.

## Le risque d'obtenir plus que vous ayez négocié

Je t'assure, tu ne veux pas récolter les nuages; elles apportent les ouragans et les déluges.

# La raison pour laquelle les chouettes ne parlent pas

Une personne avisée dit bien ce qu'elle pense, mais se méfie bien d'elle-même et de ce qu'elle dit.

# Une solution pour les promesses électorales non tenues

Il y a des gens à qui il faut dire ce qu'il faut faire et d'autres à qui il faut laisser des instructions additionnelles sur ce qu'il n'est pas à faire.

# Le regard de l'amour

Dans un temps de tonnerre,

D'une humeur de soldats d'après-guerre, d'un feu en détresse

Une mer en épave,

Un jour à peine éteint,

Me bousculèrent deux étoiles :

Une lumière à chant éternel, l'autre éphémère; création en fleur,

Un ange au milieu de mon dérapage

Un vœu et une prière

Un saut vers un paradis en éveil

Un sourire qui fait des ravages dans mon cœur en décalage

Je vole vers une promesse, un horizon en départ vers le coucher des étoiles

## Sur le manque de communication

« Rien n'est compris qui n'est point expliqué. »

# Sur l'enfer

Il y a un enfer et c'est aussi connu sous le nom de « Prétendre être une personne que soi ».

# Un parcours

« Mon constat est que les religions sont à comprendre et les promesses d'éternité à laisser à ceux qui croient avoir des contrats avec l'infini

Ton choix est entre la trame, un parcours, des horloges à rembobiner ou une plage qui appelle les sages à une détente loin de la sévérité

Parmi l'humanité tu trouveras ceux qui ont le cœur aux largesses des océans, ceux-là sont les secours pour ton naufrage éminent; garde-toi de ne pas les heurter et rappelle-toi les noms de leurs ennemies

Parmi les arbres tu verras les serpents au venin de paroles sublimées, méfie-toi de leurs garanties, car ils ne sont que des promesses de poètes à la boisson alcoolisée

Vers le ciel et la nature, lève des yeux de reconnaissance, chauds comme l'amitié et tempérés comme la précieuse eau d'une fontaine choyée dans un désert sec sans vertu

Trouve-toi une épave, une amitié, une promesse à garder

Comprends que l'humanité est une seule couleur à faces invétérées

L'avenir une réponse au plus tard » – *Les conseils d'un homme qui vit la mort de plus près*

## Sur la médiocrité

La médiocrité est toujours prévisible; les gens médiocres montent plus haut pour descendre vers de plus bas, l'excellence et le génie ne le sont pas.

## Sur le bien et les mauvaises manières

On ne sert pas du caviar avec un punch au visage. Aussi, ne t'attends pas à ce que les gens te soient reconnaissants, si tes manières laissent à désirer.

## Sur la valeur de la confiance

La confiance est durement acquise et n'est jamais donnée, ceux qui la donnent sont des dupes.

## Le sens de la vie

L'ultime sens de la vie est la vie elle-même. Comment pourrait-il en être autrement?

## Sur les cultures nationales

La prétendue culture des nations est aussi réelle que l'individualité et l'esprit libre dans un troupeau; la chercher est le parcours du dodo. Je préfère chercher la culture dans l'ambiant individu.

## Pourquoi la raison n'a rien à voir avec ça

Derrière chaque crime vil, il y a toujours un sens d'outrecuidance hypocrite.

## Sur les stéréotypes

Dans le monde du précis, le diable est dans le détail, dans celui de la propagande il est dans la généralisation.

Ils sont appelés des énoncés généraux pour

une raison simple; c'est pour engourdir vos sens en préparation du sommeil, et votre conscience pour légitimer son ensevelissement.

## Sur l'orgueil et la vanité

« Parmi les sables du désert, il était une particule éminente. » — *À écrire sur la pierre tombale de ma vanité.*

## Sur la volonté d'impressionner les autres

« Croyez-moi, je ne veux pas être moi; je me suis rencontré une fois et je n'étais guère impressionné. »

## Sur ce que tu es

Tu n'es qu'un registre vivant de toi-même.

# Que fait le soleil?

« Pourquoi as-tu fait ça? Tu n'avais rien à gagner en le faisant? Je reconnais que ce que tu as fait est bien, toutefois… » Observa la lune.

« Parce que c'est une excellente idée devenant une réalité. » Répondit le soleil.

## Sur notre représentant élu

« Il est tellement irréel que je peux presque voir les files du marionnettiste. »

## Sur le savoir et le niveau universitaire

Il est préférable d'avoir peu de connaissances qui t'amènent loin que d'avoir beaucoup de connaissances qui t'alignent nulle part, et pire encore c'est de n'avoir aucune connaissance.

# Être amoureux

L'amour te rend incertain de beaucoup de choses et te fait sentir que tu es incapable. Est-elle la cause ou la raison?

## Sur le fait que tu n'as pas encore rencontré ton partenaire idéal

Des fois la question à se poser, en ce qui concerne l'amour, ce n'est pas si l'on est capable d'aimer, mais si l'on est prêt à l'être.

## Le hic des stéréotypes

Un stéréotype est basé sur une observation de quelque chose réelle, mais le stéréotype lui-même ne l'est pas.

## Sur la consommation massive

« Le plus pauvre tu es, le plus de bagatelles du possédera! » Voici le commandement de notre société de consommation massive.

## Sur l'état du futur

Le futur n'est que confiance et espoir.

## Sur le fait d'être méchant

La merde que tu jettes a de tout le monde, il faudrait bien la porter pour en faire autant.

# Le code source

Elle marche à étapes rythmées au bruit de ses pas

Elle essaye de tomber à force de ses frêles jambes on dirait de verres

Elle est sous l'œil savant du divin qu'elle ne voit pas

De nulle part ses bras s'accrochent en l'air; cherchant le soutien de parents affectueux qui ne sont pas encore inventés pour être là

Premier enfant humain, elle étend les bras, elle cherche son demain et réclame une place dans un monde en effervescence

« Va-t-elle se casser la figure? » Se disent les envieux rats
« Va-t-elle    s'élancer? »    Soucieux,    se demandent les aigles en l'air

Personne ne voit ni ne réclame sa nudité

comme indécence

L'homme ne se voyait pas encore plus consciencieux que son créateur

L'enfant suit son destin vers une fleur en éclore

Elle respire à peine, la petite enfant, au bout de son souffle qu'elle retient, précieux comme de l'or

Elle cueille une fleur et la tend au ciel avec des rires aussi frais qu'une source et des échos remplissant les failles du cœur

Malgré les rats, malgré les aigles elle poursuit toujours son chemin
Sous l'œil de la bienveillance qu'elle reçoit, mais ne voit point

Le soleil l'illumine, serait-ce là un sourire divin?

## Jusqu'aux bornes

Si tu pousses quelqu'un jusqu'aux portes de l'enfer, sois prêt à y entrer.

## Sur l'homme et Dieu

« En ce qui concerne la relation de l'homme et l'humanité avec Dieu, ça a toujours était chacun pour soi; c'est un compte que chacun de nous doit régler tout seul. En bref, à quoi servent les lieux de culte? » – *des paroles qu'un prédicateur a eu l'indiscrétion de dire à haute voix.*

## Sur l'amour continuel

On aime ceux qu'on croit être mieux que nous et il vaut la peine de s'assurer que l'attraction n'est pas due à un seul trait; l'amour continuel nécessite une mutuelle volonté de se sacrifier pour l'un et l'autre.

La camaraderie, une portion de l'amour, te conduira jusqu'à un certain point, mais l'amour est un autre être.

## Sur le monde numérique

On a fait un contour de la mémoire au papier et maintenant en se dirige vers la mémoire de nouveau. On avait appris, depuis des temps anciens, la traitrise de la mémoire, on s'est engagés en alliance faite sur papier de se protéger, et quand on avait cru avoir apprivoiser l'inflexible bête, elle a réussi a brisé les portes du temps, s'étant préservé dans les confins de notre conscience, elle s'est révélée dans une virtuosité binaire.

## La puissance du bien

Par le bien, le mal est anéanti.

## Sur l'amour et la guerre

« En amour comme à la guerre, tous les coups sont permis. » Cela est dit par des gens qui ne connaissent rien de l'amour et de la guerre, pire encore ils n'ont aucune intention d'aimer ou de faire la guerre.

## Sur la vie

« C'est une belle vie, vivez, espèce de dupes? » Dit le soleil, chaque jour avant de mourir.

## Sur le fait d'aider les autres

Tu peux apprendre à voler à une personne, tu peux lui donner des ailes, mais si elle n'est pas prête à s'élever dans les airs, tes efforts ne seront que poids mort pour elle et pour toi.

## Sur les êtres ingrats et la bonne volonté

« Et moi qui croyais être en train de t'aider, alors que toi tu pensais que j'étais là pour te servir! » Dit une fois la bonne volonté à l'utilité.

## Sur la gestion corporative

C'est là où les rêves viennent pour mourir

Ou la perversion a une âme

C'est un vaisseau dont la berceuse désensibilise

## Quand il faut arrêter de parler

Il y a des individus avec qui continuer à parler et argumenter, c'est comme courir après un papillon; laisse-le tranquille et il viendra se poser sur ton épaule.

## Le Midi

Le temps coulait comme une source douce à l'ombre de l'horizon

Les gens, ceux de la ville, se parlaient ensemble et avaient le regard morne de la solitude

La mer chantait aux ondes de lumières
Les yeux mouillés de fine poussière

La joie dans le cœur, les enfants jouaient à l'ombre

Avec la force de l'oubli en face de la terreur
Le courage de vivre d'un enfant né un jour de deuil et de peur

Le vent prédisait, l'avènement d'un temps de trouble
Le ciel malgré tout cela au fin fond de son éclat perdurait en une couleur bleue

Le soleil chargé de fécondité faisait rêver les platanes et fleurs d'une douceur de peau

Les oiseaux en l'air flottaient comme se courbent les roseaux

Elle marchait éblouissante et aussi belle que sont celles qui sont comme elle

La marche à talon, le corps ruisselant

Le regard ferme, un espoir pour un mourant

La belle chassait les ombres et illuminait de sa fraîcheur les visages mornes

Souriante, ses pas lui donnaient l'air des anges le jour de naissance de chaque enfant; un ébahissement en face d'une continue création

Elle disait bonjour à tout le monde d'ici et faisait rêver ceux de l'au-delà; je veux dire les passants

La silhouette d'aimant, elle rappelait le printemps et l'été qui la suivaient, l'un en la suppliant avec des promesses de bourgeonnement et de floraison et l'autre par des vœux de fécondation fructueuse

La braise racontant le feu, elle faufilait parmi les curieux petits chats comme un papillon

Son royaume, celui des bonds de la jeunesse vers la beauté ardente

Inaccessible comme la clairvoyance dans le temps

Le désir et l'attente; deux ennemis, pourtant, l'un de l'autre affable de l'amitié

Elle est celle que l'on attend, mais n'est jamais au rendez-vous

Celle dont la promesse est de revenir un jour d'éternité

Pourvu qu'elle tende son regard vers la braise en feux

# Notre état des choses dans l'éternité

« Tu ne possèdes rien et tu empruntes seulement et occupes un temps et un espace

Tu n'es ni pauvre ni riche, car tout est une question de secondes et de perspectives

Ce qui t'a été donné doit être avant la fin restitué

Ce que tu as désiré depuis si longtemps disparaitra d'ici peu

Sous le poids de l'éternité, tu n'es qu'une nuance »

# Sur l'utilité

« Tu ne sers à rien, mais tu nous es utile. » Dit le capital au prolétaire.

## Le secret pour devenir riche

Tu veux le secret de l'or pour avoir l'argent; tu vois bien que je comprends l'absurdité de ta logique.

## La création

« Je sais qu'il existe une entité qui nous a créé notre monde; au-delà de cela je ne vois que des humains adorant d'autres humains ou tout ce l'humain a versé. » — *se répètent tous les jours les livres sacrés en voyant un être humain s'approcher d'eux.*

## Sur l'enseignement académique de l'histoire

L'histoire moderne ne fait que décrire le passé par des dates et des événements, mais ne l'explique pas.

# Le pouvoir des mots

« Quand j'en finirai avec toi, une bonne fois pour toutes, même les poubelles ne voudront plus de toi. » *Disait un journaliste à un boxeur.*

# Sur l'orgueil de faire partie d'un groupe privilégié

L'importance est une question de cercle, ainsi aussi sont fait les zéros.

# Ce que le capitalisme et le communisme ont en commun

Les deux veulent que le sac de boxe tombe amoureux du boxeur

# Sur la présomption d'amitié avec ses adversaires

Tu crois en une amitié qui n'existe pas, alors qu'eux, ils ont pris l'assaut de ta souveraineté.

## La gestion des biens étatique

Le gouvernement est toujours prêt à exercer la politique de gestion des biens dont le privé répugne. Alors que le privé base ses décisions sur le profit et le retour en investissements, le gouvernement, lui, trouve inéluctable de dépenser le peu de ressources qui lui reste en des tentatives désastreuses. Pas surprenant quand on pense que c'est fait par un principe fourbe.

## Entre la sympathie et le respect

« Je voudrais plutôt avoir votre respect que votre sympathie. »

« Pourquoi? »

« J'ai observé que ça dure plus longtemps. »

## L'état de gratitude

La gratitude n'est pas un état d'âme dont on t'ordonne d'aborder; c'est une conclusion, un état de rébellion, un sommet que tu dois atteindre tout seul.

## Aux fainéants

Aucun empire n'a été construit par des mendiants.

# Des questions

« Qui est la personne la plus intelligente sur terre? Quelle est la personne la plus intelligente dans l'histoire de l'humanité? Quelle est la plus belle au monde? » Toutes des questions posées par les nigauds et dont les réponses sont aussitôt offertes par les moins intelligents; il est à observer qu'ils sont fréquemment les mêmes personnes.

# Sur la déception

On n'est jamais déçus que par les personnes qui ont de l'importance à notre égard; ceux qui nous déçoivent sont donc, par définition, importants pour nous.

# La source du mécontentement

Si seulement vous aviez pris la peine d'écouter ma voix, vous n'auriez pas eu à souffrir l'agacement d'entendre maintenant ma voix perçante.

# L'état d'âme de l'excuse

Les excuses, si elles ne sont pas sincères et pas suivies par des actions concrètes, sont pareil au fait d'ajouter de l'huile à un feu décroissant; tu penses que tu es en train de le maintenir en vie, mais au contraire tu prends des risques à l'enflammer encore plus et à engendrer des incendies incontrôlables.

# D'où je viens

« Ne t'es-tu jamais posé des questions sur les nuages?

Elles portent assez d'eau à dégeler les montagnes

Assez de liquide à inonder des pays et des continents

Le poids de leurs contenus fait les mers et les océans, pourtant elles flottent dans l'air et sont air

Pareil est la légèreté et la splendeur de mon monde » *de la bouche d'un dauphin.*

# Sur l'au-delà

Tu ne seras pas ressuscité, mais recomposé tu le seras avec certitude.

## Sur le changement

Une porte de rentrée ou de sortie et toujours une porte; c'est une opportunité pour le sage et du matériel en bois pour le moins sage.

## Le secret des prières

« Dans chaque livre, on entend la voix distincte de l'auteur; il est de même dans la création, car elle fait écho à son créateur.

J'ai aussi remarqué que la majeure partie du temps le Créateur répond avant même que l'on demande et si tu comprends cela tu trouveras les réponses superbement en attente pour toi. » — *entendu lorsque j'ai surpris deux anges en train de se parler*

## Sur la décence

J'ai observé qu'il est difficile de feindre la décence.

## Se connaître soi-même

Pour connaître les autres, il faut se connaître soi-même, et nous ne connaissons rien de nous-mêmes vu que nous sommes bourrées d'idées des autres.

## L'une des raisons de vivre

Nous nous sommes habitués à vivre alors nous vivons.

# Sur l'utilité de la prière

« De la bienveillance divine je ne demande pas d'obtenir ou de recevoir, car j'ai été béni sans le solliciter et abrité avant que je puisse me demander comment

Si je demande c'est afin de m'effacer et de ne pas oublier la piètre manière avec laquelle mon parcourt j'ai commencé

Si le créateur le veut alors je recevrai ce dont je désire
Si le créateur ne le veut pas alors je n'en ai pas besoin et je ne devrais pas regretter de ne pas l'avoir reçu

Si un jour je pleure alors j'espère que mes larmes soient de reconnaissance

De l'incertitude de la mort je n'ose pas avoir peur, car mon chemin sera allumé, et dans l'obscurité je verrai l'éclat de mon bienfaiteur et créateur

Dans la douleur, j'essayerais toujours de me rappeler qu'un bienfaiteur généreux, pendant toute une vie, ne peut être mis en doute pour avoir repris ce qu'est à lui de droit à ne pas m'octroyer. »

« Ci-dessus est ma prière favorite. » Se dit un athée.

## Sur les conversations intellectuelles

Les conversations qui remuent l'esprit ont tendance à remuer l'âme.

## Sur l'honnêteté

L'honnêteté n'est jamais un état d'âme, c'est un effort continuel. Prétendre le contraire démontre la présence d'un courant sous-jacent de malhonnêteté. C'est pourquoi j'essaye d'être honnête.

# Le choix

Dans la vie, il se peut que tu n'aies pas le choix de l'action, mais tu as toujours le choix de la réaction; réagis avec un esprit positif et ta vie sera moins misérable et peut-être plus abondante.

# Le seigneur et le Bon Dieu

« Attends, attends! » Il l'appela, « Ce n'est pas mon bien, mais je ne crois pas que le Seigneur en fera un cas. » Et il donna à la vieille dame, assise dans un fauteuil roulant, assistée par son frêle mari, une fleur qu'il avait prise d'un jardin d'un bourgeois.

Pourtant, le seigneur du manoir le regarda fronçant les sourcils avec désapprobation.

## Sur les obstacles

Tu nages mieux si tu perds la présomption de tout contrôler.

## Sur les collègues de travail

Au travail, tout le monde se reconnaît, mais nul ne connaît l'autre, pourtant ils passent presque une vie ensemble.

## Le « C » du « P »

Au cœur de chaque problème humain, il y a un cœur humain; rappelle-toi cela pour le résoudre.

## Le peuple

Le peuple est l'évidente variable inconnue.

## Mon cogito

Pense-toi toi-même.

## Mon souvenir

Il y a parmi les morts ceux qui laissent une odeur fade au-delà de la tombe, vu leurs activités néfastes pendant leurs vivants, j'espère que la mémoire de la mienne soit plus agréable que l'embaumement de la reconnaissance et plus riche en souvenirs de bonté que les couleurs vives des tulipes.

# Sur le port de la haine

Je ne porte ni ne transporte pas la haine, car je préfère voyager léger.

# Sur la gratitude

« Au lieu de larmes de tristesse, pleure des larmes de reconnaissance; il y a toujours des gens dans des situations pires que la tienne.

Si tu n'as rien, en lisant ces mots, rappelle-toi et remercie la Bienveillance, tu es toujours vivant; il y a d'autres qui sont déjà morts.

La reconnaissance est un bon état d'âme. » – *Des suggestions d'un être en déchainement cherchant un équilibre*

## Sur l'importance de la répulsion de soi

Il te faut te vomir plusieurs fois pour te débarrasser de la crasse qui réside en toi; essaye de te donner le courage de voir tes défauts

## Sur les affirmations religieuses

« La plus grande erreur que les gens commettent est d'égaler Dieu, le Créateur, aux religions organisées, et qui, avec leurs visions déformées, proclames être l'ordre divin et sa seule forme de communication. » — *Extrait d'une conversation courte que je crois avoir eu avec Thomas Paine.*

# La fin de la lutte entre le bien et le mal

Après de longues vacances parfaites et productives, le diable apparu en face des siens fier et illuminé, car il s'était réinventé et avait de nouvelles idées à partager avec eux

.

Le temple était plein d'applaudissements venant de chaque loge, car son retour était bien anticipé. Soudainement, avec une voix stridente, mais perçante, il dit :

« D'abord, en plus des guerres et chaos continus, nous mettrons les restes des poissons morts dans les aliments des poules et du bœuf, il se pourrait qu'ils tombent malades de l'Alzheimer et deviennent fous, mais c'est un risque que nous assumons.

On injectera les animaux avec des hormones et on les mettra dans des cages. Quoi? Il y a des gens qui se plaignent de l'usage des cages? Alors on va les laisser en libre circulation dans des cages plus grandes. Qu'en pensez-vous?

Pas assez bon?

D'accord, on va les laisser libres, en pâturages si vous voulez, en plein air sur des champs contaminés par les pesticides et les OGM; comme ça, leurs ADN seront altérés. Attendez, je n'ai pas encore fini, une fois ils sont abattus, on lavera leurs viandes avec de l'eau de Javel, on les traitera avec des produits carcinogènes, et on les enverra aux supermarchés pour être consommé par les parents et leurs jeunes enfants; diabolique n'est-ce pas? »

Après avoir terminé son discours, le diable regarda droit et gauche pour mesurer l'effet de son plan d'action sur l'audience.

Malheureusement pour le diable, il ne savait pas la raison pour la placide réception de l'audience, vu qu'il a été absent pendant une longue période. Une voix tremblante, vêtue d'un costume noir de la dernière mode, en chuchotement l'aborda et lui dit, « Les humains ont déjà accompli tout cela. »

Ému et presque chancelant jusqu'au sol, son visage suant à grosses gouttes, il tomba sur ses genoux et dans l'incrédulité profonde il leva les yeux vers le ciel cherchant un soulagement.

Il mourut là sur le champ.

Le diable était finalement vaincu par la descendance de l'humanité.

## Un rétablissement

J'ai fait le deuil de ma personne avant le coucher du soleil

Que mon matin ne survive pas à la levée du jour cela n'était point une incertitude

J'ai regardé le ciel pour chercher ce qu'il y a à trouver

Le vide rencontra mon index étendu et mon esprit exténuant

Au fond de mon être, l'acceptation de mon destin

La douleur régressait à chaque bouffée de

lumière contemplée

Comme l'est le courage lié et enchainé, j'étais à l'espoir résolu

Émergeant des tentatives creuses de mon dernier souffle, surgit une voix silencieuse et stridente

« N'ose pas abandonner! » Dirent les échos

La lumière de mon matin ébranla la nuit

Je marchais comme un vieil homme frêle; mon corps douloureux avec chaque vibration de mes os creux

Mon monde en attente, le ciel était passif, les ombres étaient retenues par une entité que je ne pouvais pas définir

C'est alors que je l'ai vue écrite dans mon esprit

Mémoire d'une main bienveillante pourtant invisible

La conscience dévoilant son dernier combat

Les jours marchaient lourds comme du plomb

Les battements de cœur tambourinant la fin proche

Il n'y avait pas de visions, pas de signes

Sauf une entité qui réside dans la meilleure partie de mon être

L'énergie coulait là où il n'y n'en avait point

Le feu brûlait là où l'eau régnait

Des vagues cristallisées percèrent la nuit noire

Lumière, lumière perçante et invisible, toucha l'être creux en moi

J'ai vu le jour vaincre la nuit

L'espoir remplacer la peur

Sagesse dans tout ce que je n'ai pas compris

La futilité pompeuse écrasée par l'éternité

La beauté; une consolation pour l'esprit fatigué

La vie, que la vie

Et je suis devenu vie, une vie extraordinaire

# SUR L'AUTEUR

Lamine Pearlheart est un lecteur avide et, dans la mesure où il se souvient, il a toujours eu une grande appréciation pour la littérature, l'histoire, la philosophie, la poésie et jouit de longues promenades comme forme de méditation.

L'un de ses principaux intérêts est la compréhension de l'expérience humaine dans ses aspects multidimensionnels, comme cela apparaît dans ses livres.

Il a aussi une passion pour les langues; il parle l'anglais, le français, l'allemand, l'espagnol et le portugais.

L'auteur travaille actuellement sur son premier roman.